BEI GRIN MACHT SICH IHR WISSEN BEZAHLT

- Wir veröffentlichen Ihre Hausarbeit,
  Bachelor- und Masterarbeit

- Ihr eigenes eBook und Buch -
  weltweit in allen wichtigen Shops

- Verdienen Sie an jedem Verkauf

Jetzt bei www.GRIN.com hochladen
und kostenlos publizieren

Bibliografische Information der Deutschen Nationalbibliothek:

Die Deutsche Bibliothek verzeichnet diese Publikation in der Deutschen National-
bibliografie; detaillierte bibliografische Daten sind im Internet über http://dnb.d-
nb.de/ abrufbar.

Impressum:

Copyright © 2020 GRIN Verlag
Druck und Bindung: Books on Demand GmbH, Norderstedt Germany
ISBN: 9783346178886

Dieses Buch bei GRIN:

https://www.grin.com/document/888524

Enzo Muschik

Künstliche Intelligenz verstehen. Wie funktionieren die Methoden "Sensitivity Analysis" (SA) und "Layerwise Relevance Propagation" (LRP)?

GRIN Verlag

GRIN - Your knowledge has value

Der GRIN Verlag publiziert seit 1998 wissenschaftliche Arbeiten von Studenten, Hochschullehrern und anderen Akademikern als eBook und gedrucktes Buch. Die Verlagswebsite www.grin.com ist die ideale Plattform zur Veröffentlichung von Hausarbeiten, Abschlussarbeiten, wissenschaftlichen Aufsätzen, Dissertationen und Fachbüchern.

Besuchen Sie uns im Internet:

http://www.grin.com/

http://www.facebook.com/grincom

http://www.twitter.com/grin_com

FernUniversität in Hagen

Fakultät für Mathematik und Informatik

Seminararbeit zum Seminar Parallelverarbeitung und IT-Sicherheit

Schriftliche Ausarbeitung zum Thema 13 von Samek et al. (2017)

Explainable Artificial Intelligence:
Understanding, Visualizing and Interpreting Deep
Learning Models

Von cand.rer.oec.:   Enzo Muschik

Abgabedatum: 14.02.2020

Inhaltsverzeichnis

Abkürzungsverzeichnis in alphabetischer Ordnung

Abb.	Abbildung
Abk.	Abkürzung
AI	Artificial Intelligence
ANN	Artificial Neural Network
bspw.	Beispielsweise
bzw.	Beziehungsweise
DARPA	Defense Advanced Research Projects Agency
d.h.	Das heißt
DL	Deep Learning
DNN	Deep Neural Network
e.g.	example given
engl.	english
Gl.	Gleichung
EU	Europäische Union
KI	Künstliche Intelligenz
LRP	Layerwise Relevance Propagation
ML	Machine Learning
SA	Sensitivity Analysis
u.a.	unter anderen
XAI	Explainable Artificial Intelligence
z.B.	zum Beispiel

1 Aritificial Intelligence – ein Black Box System?

Artificial Intelligence (AI) – ein populärer Begriff aktueller Zeit, der mit einer Vielzahl an technologischen Anwendungen in Verbindung gebracht wird. Manchmal prominent und tangibel in Form von menschenähnlichen Robotern, wieder andere Male subtil, weder sichtbar noch greifbar in Form von Algorithmen. Dabei ist die konzeptionelle Idee der Abbildung künstlicher Intelligenz durch Computersysteme keine neue Errungenschaft, sondern geht bis auf die Erkenntnisse von Warren McCulloch und Walter Pitts im Jahr 1943 zurück. McCulloch/Pitts (1943) offerierten ein Modell, dass in Anlehnung an das biologische Vorbild, künstliche Neuronen an- bzw. ausschaltet, je nach Stimulus durch benachbarte Neuronen. Dabei wird impliziert, dass durch ein Netzwerk künstlicher Neuronen ebenfalls die Möglichkeit der Lernfähigkeit bestünde.[1]

Doch erst jüngste technologische Fortschritte wie die Verfügbarkeit von Speicherkapazität und Rechenleistung ermöglichten die effiziente Implementierung dieser Modelle und liefern eine Erklärung für die derzeitige Prominenz von *Artificial Intelligence*-Systemen in industrieller Anwendung und Gesellschaft. Autonomes Fahren, Robotik, medizinische Diagnostik oder Entscheidungsfindung bei der Vergabe von Krediten sind nur einige Beispiele der Applikation Künstlicher Intelligenz (KI) in der Praxis. Aufgrund ihrer verzweigten, nicht linearen Architektur sind solche Systeme jedoch häufig hoch komplex und damit für den Menschen nicht transparent in ihrer Funktionsweise. Ein Umstand, der ihnen ein sogenanntes *Black-Box*-Verhalten nahelegt, d.h. es ist weder ersichtlich noch nachvollziehbar wie die inneren Abläufe einer solchen Struktur zu einem bestimmten Ergebnis kommen.[2] Doch sollten wir Artificial Intelligence nicht in ihrer Gesamtheit verstehen, wenn sie unser tägliches Leben beeinflusst und sowohl die Industrie als auch das gesellschaftliche Zusammenleben nachhaltig prägt? Sollten wir nicht nachvollziehen können, wie bestimmte Entscheidungen durch intelligente Systeme getroffen werden, um sie bei Fehlentscheidungen zu verbessern oder zumindest zu hinterfragen? Gilt es nicht Transparenz zu fordern, anstatt der Empfehlung eines KI-Systems blindlings zu vertrauen?

Fragen, mit denen sich längst Institutionen wie zum Beispiel die Europäische Union (EU) oder die *Defense Advanced Research Projects Agency (DARPA)* des Verteidigungsministeriums der Vereinigten Staaten von Amerika beschäftigen. So erließ erstere im Jahr 2017 ein Recht auf Erklärung algorithmischer Entscheidungen für alle EU-Bürger. Jeder Bürger hat ein Recht auf u.a. gehaltvolle Informationen bezüglich der Logik, die zur Entscheidungsfindung genutzt wird, wodurch der Bedarf nach mehr

---

[1] Vgl. Russell/Norvig (2009), S. 16.
[2] Vgl. Samek et al. (2017), S. 1.

Transparenz von algorithmischen Entscheidungen manifestiert wird.[3] DARPA hingegen rief 2016 das *Explainable Artificial Intelligence* (*XAI*)-Programm ins Leben, mit dem Fokus Techniken maschinellen Lernens zu entwickeln, die erstens erklärbare Modelle bei gleichbleibend hoher Lernfähigkeit erzeugen und zweitens den Menschen befähigen AI-Systeme zu verstehen, ihnen angemessen zu vertrauen und die nächste Generation intelligenter Systeme kontrollieren zu können.[4] Denn nur, wenn wir Menschen verstehen wie KI-Systeme zu Entscheidungen gelangen, haben wir die Möglichkeit sie mehrwertbringend in industriellen Prozessen anzuwenden und positiv in das tägliche Leben unserer Gesellschaft zu integrieren.

Zielvorgabe der vorliegenden Arbeit ist die Darstellung und Analyse zweier Methoden, namentlich der *Sensitivity Analysis* (*SA*) und der *Layerwise Relevance Propagation* (*LRP*), deren eigene Zielsetzung es ist, die Entscheidungen intelligenter Systeme für den menschlichen Betrachter nachvollziehbar zu machen. Bevor jedoch auf die einzelnen Methoden, deren Funktionsweise und auf eine kritischen Betrachtung eingegangen werden kann, bedarf es einer Abgrenzung des Forschungsgebiets der XAI.

2 Explainable Artificial Intelligence

Explainable Artificial Intelligence – beschreibt kein neues Forschungsgebiet, sondern viel mehr eine Weiterentwicklung, denn die Herausforderung Entscheidungen intelligenter Systeme erklärbar zu machen, hat ihren Ursprung in der Forschung Künstlicher Intelligenz selbst und ist ebenso alt.[5] Ziel der Forschung auf dem Gebiet der KI ist es nach wie vor, Systeme bzw. Software-Artefakte zu entwickeln, die auf Basis gelernter Erfahrungen möglichst genaue Prognosen treffen.[6] Von einem Black Box-Verhalten, bei dem die inneren Entscheidungsprozesse eines AI-Systems verdeckt bleiben, soll der Weg hin zu einem *Glassbox*-Verhalten geebnet werden, d.h. vollkommen transparent und nachvollziehbar. So proklamiert Holzinger (2018), dass *„kontextadaptive Verfahren notwendig werden, die eine Verknüpfung zwischen statistischen Lernmethoden und großen Wissensrepräsentationen (Ontologien) herstellen und Nachvollziehbarkeit, Verständlichkeit und Erklärbarkeit erlauben – dem Ziel von ,explainable AI'".*[7]

Techniken des maschinellen Lernens finden sich bereits heute in vielen Anwendungen wie zum Beispiel der Bild- und Spracherkennung oder der Prozessierung natürlicher Sprache – teilweise sogar auf dem Niveau menschlichen Leistungsvermögens. Dennoch ist bei sicherheitskritischen Applikationen wie in der medizinischen Diagnostik oder auf

---

[3] Vgl. Goodman/Flaxman (2017), S. 55.
[4] Vgl. DARPA (2016), S. 6.
[5] Vgl. Holzinger (2018), S. 2.
[6] Vgl. ebd., S. 1.
[7] Ebd., S. 2.

dem Gebiet des autonomen Fahrens die Korrektheit und die Güte der Techniken und Modelle intelligenter Systeme zu garantieren. Eine Vorgabe, die Möglichkeiten für das Interpretieren und Verstehen solcher Modelle im Sinne robuster Validierungsprozeduren in den Mittelpunkt rückt.[8]

Allgemein anerkannt bisher ist, dass simple Modelle eine höhere Interpretierbarkeit aufweisen als komplexe.[9] Die traditionellen Modelle maschinellen Lernens, hier als simple Modelle eingestuft, haben jedoch ihre Limitierungen in der Verarbeitung unstrukturierter, „roher" Inputdaten, d.h. Rohdaten müssen von einem KI-System zunächst in eine geeignete Repräsentationsform gebracht werden, bevor eine Mustererkennung durchgeführt werden kann. Weiterhin sind solche Systeme nur mit Expertenwissen realisierbar und bedürfen einer präzisen Implementierung.[10] Im Gegensatz hierzu müssen *Deep Learning* (*DL*)-Methoden unstrukturierte Inputdaten nicht erst in eine geeignete Repräsentationsform zur Mustererkennung überführen – das KI-System selbst lernt die geeignete Form anhand der Eingabeinformationen. Es handelt sich hierbei also um Repräsentations-lernende Methoden, die es einem intelligenten System ermöglichen sich die zur Mustererkennung benötigte Repräsentationsform eigenständig und automatisiert anzueignen.[11] Aufgrund ihrer vernetzten, non-linearen inneren Struktur und ihre dadurch gesteigerte Lernfähigkeit übertreffen Deep Learning-Modelle herkömmliche Modelle maschinellen Lernens in Applikationen wie u.a. Bild- und Spracherkennung sowie der Prozessierung natürlicher Sprache. Eben diese innere Architektur ist es jedoch auch, die den Ablauf der Entscheidungsfindung für den Menschen schwer nachvollziehbar und intransparent macht. Die gesteigerte Leistungsfähigkeiten von KI-Systemen wird somit auf Kosten der Interpretier- und Erklärbarkeit erreicht, weshalb DL-Modelle häufig als sogenannte Black Boxes bezeichnet werden.[12] Hinsichtlich sicherheitskritischer Anwendungen, kann die Intransparenz solcher Anwendungen sogar potentiell gefährlich werden. Im Zuge dessen rückt die Entwicklung von Techniken zur verbesserten Interpretier- und Erklärbarkeit von AI-Systeme vermehrt in den Fokus, was sich auch durch das oben aufgeführte Explainable Artificial Intelligence-Programm der DARPA bemerkbar macht, dessen Teilziel es ist, erklärbare Modelle bei gleichbleibend hoher Leistungsfähigkeit hervorzubringen.[13]

---

[8] Vgl. Montavon et al. (2017), S. 1.
[9] Vgl. ebd.
[10] Vgl. LeCun et al. (2015), S. 436.
[11] Vgl. ebd.
[12] Vgl. Samek et al. (2017), S. 1.
[13] Vgl. DARPA (2016), S. 6.

Im Kontext jener Interpretationstechniken sind die Begriffe „Interpretation" und „Erklärung" hinsichtlich Künstlicher Intelligenz für die vorliegende Arbeit eindeutig festzulegen. So definieren Montavon et al. (2017) den Begriff der Interpretation wie folgt:

> *„An interpretation is the mapping of an abstract concept (e.g. a predicted class) into a domain that the human can make sense of."*[14]

Weiterhin wird der Begriff der Erklärung wie folgt definiert:

> *„An explanation is the collection of features of the interpretable domain, that have contributed for a given example to produce a decision (e.g. classification or regression)."*[15]

Eine Erklärung, gewonnen durch die Anwendung solcher Interpretationstechniken, kann sich zum Beispiel in Form einer sogenannten *Heatmap* manifestieren, die im Bereich der Bilderkennung die für eine Klassifikationsentscheidung relevanten Pixel eines Bildes farblich hervorhebt.[16] Die aufgeführten Begriffsdefinitionen sind für die vorliegende Arbeit maßgebend. Einzugliedern sind die folgend zu analysierenden Interpretationstechniken, Sensitivity Analysis und Layerwise Relevance Propagation, in die Kategorie der *post-hoc interpretability*. Im Gegensatz zu Ante-Hoc-Methoden, d.h. Methoden basierend auf von Natur aus interpretierbaren Modellen[17], oder der direkten Integration der Interpretierbarkeit in das Modell selbst, sucht die Post-Hoc Interpretierbarkeit das Modell für den Menschen verständlich zu machen, nachdem eine Vorhersage bereits getroffen wurde.[18] In diesem Kontext bedeutet „Verstehen", ein funktionales Verstehen des zugrunde liegenden Modells, d.h. die Charakterisierung des Black Box-Verhaltens eines Deep Learning-Modells ohne die genauere Betrachtung der inneren Architektur. Vielmehr wird der Fokus auf die Interpretation der Ausgabe und die Erklärung individueller Prognosen solcher Systeme gelegt.[19]

Samek et al. (2017) charakterisiert dabei weiterführende Möglichkeiten, die sich durch die zielgerichtete Anwendung von Interpretiertechniken ergeben. So wird argumentiert, dass AI-Systemen, deren Funktionsweise intransparent ist, nicht blindlings vertraut werden sollte. Vielmehr gilt es deren Funktionsweise zu verstehen, um die Systeme weiterentwickeln und verifizieren zu können. Weiterhin birgt die automatische Prozessierung von Millionen an Datensätzen die Möglichkeit für den Menschen neue Erkenntnisse zu gewinnen und somit von einem AI-System zu lernen. Letztlich stellt sich mit dem Einzug intelligenter Systeme in das alltägliche Leben unserer Gesellschaft auch die Frage der Verantwortlichkeit bei Fehlentscheidungen. Doch erst, wenn diese Entscheidungsprozesse vollumfänglich nachvollzogen werden können, ist eine

---

[14] Montavon et al. (2017), S. 2.
[15] Ebd.
[16] Vgl. ebd.
[17] Vgl. Holzinger (2018), S. 4.
[18] Vgl. Montavon et al. (2017), S. 2.
[19] Vgl. ebd.

Verantwortlichkeit eindeutig zuschreibbar, sodass die Transparenz von Entscheidungsprozessen intelligenter Systeme auch in den Fokus eines legislativen Rahmens fällt.[20] Diese Potenziale im Blick, drängt sich zunächst die Frage auf, wie der Begriff „Artificial Intelligence" definiert und abgegrenzt wird.

3 Künstliche Intelligenz

3.1 Abgrenzung und Begriffsdefinition

In der Literatur ist der Begriff „Künstliche Intelligenz" nicht eindeutig definiert. Es findet sich vielmehr ein breites Spektrum an Begriffsdefinitionen, die jeweils kontextbezogen unterschiedliche Charakteristika intelligenter Systeme hervorheben. Sinnvoll erscheint jedoch zunächst die Orientierung an menschlichen, d.h. natürlichen Fähigkeiten.[21]

Doch welche dieser Eigenschaften hat ein System aufzuweisen, um als intelligent eingestuft zu werden?

Der sogenannte Turing Test nach Alan Turing (1950) ist einer der bekanntesten Versuche einer operationalen Definition von Künstlicher Intelligenz. Ein Computersystem nimmt hierbei an einem Dialog mit einem menschlichen Interviewpartner teil, der schriftliche Fragen stellt. Das System besteht den Test, sobald der menschliche Interviewpartner nicht mehr differenzieren kann, ob die Antworten auf die vormals gestellten Fragen natürlicher oder künstlicher Natur sind. Mit anderen Worten: Eine Unterscheidung, ob nun eine Person oder ein Computersystem geantwortet hat, nicht mehr möglich ist.[22] Hieraus schließt Turing (1950), dass ein Computersystem insgesamt vier Fähigkeiten aufweisen muss, um den Test zu bestehen und damit als intelligent zu gelten. Namentlich die Fähigkeit natürliche Sprache zu prozessieren (engl. *natural language processing*), die Fähigkeit Wissen zu speichern und vorzuhalten (engl. *knowledge representation*) sowie die Eigenschaften jenes Wissen zur Beantwortung der Fragen zu nutzen (engl. *automated reasoning*) und das Vermögen sich an veränderte Umstände anzupassen und Mustererkennung zu betreiben (engl. *machine learning*).[23] Den ursprünglichen Test erweiternd, ermöglicht der sogenannte totale Turing Test dem menschlichen Interviewer mittels eines Videosignals die Fähigkeiten der Wahrnehmung des Befragten zu validieren. So werden die vier oben genannten Eigenschaften um zwei weitere Fähigkeiten, der Computer Vision zur Wahrnehmung von Objekten (engl. *computer vision*) sowie der Robotik zur Manipulation von Objekten (engl. *robotics*), ergänzt.[24]

---

[20] Vgl. Samek et al. (2017), S. 2 f.
[21] Vgl. Lämmel/Cleve (2012), S. 13.
[22] Vgl. Russell/Norvig (2009), S. 2 f.
[23] Vgl. ebd.
[24] Vgl. ebd., S. 3.

Eng verbunden und auf den Befunden des Turing Test basierend ist der Ansatz des rationalen Agenten. Abstammend vom Lateinischen „agere", ins Deutsche übersetzt „tun", ist ein Agent zunächst lediglich etwas oder jemand, das bzw. der handelt. Ein rationaler Agent hingegen ist etwas oder jemand, das bzw. der auch unter Umständen der Ungewissheit, das bestmögliche Ergebnis erzielt. Von Computer Agenten wird hierbei erwartet, dass sie ihre Umgebung wahrnehmen und sich an sie anpassen, autonom und zielgerichtet handeln und dies persistent über einen längeren Zeitraum. Somit ist der Maßstab intelligenter Systeme das Agieren als rationale Agenten, die u.a. die Fähigkeit innehaben auf Basis logischer Schlussfolgerung zu handeln, um eine gesteckte Zielvorgabe zu erreichen oder eine Problemstellung zu lösen.[25]

Damit ein Computersystem rational im Sinne eines rationalen Agenten fungiert, werden die durch den Turing Test identifizierten Fähigkeiten benötigt.[26] Für die vorliegende Arbeit ist „Künstliche Intelligenz" im Sinne eines intelligenten Systems als rationaler Computeragent zu betrachten, der mindestens die durch den Turing Test identifizierten Fähigkeiten aufweist. Insbesondere die Fähigkeit Wissen zu speichern, vorzuhalten und für die Lösung eines Problems bzw. einer Aufgabe zu nutzen (knowledge representation und automated reasoning) in Kombination mit der Eigenschaft sich an die Umstände anzupassen und Mustererkennung zu betreiben (machine learning), bedingen die Fähigkeit des Lernens. Ein Charakteristikum, das durch eine bestimmte Netzwerkarchitekur ermöglicht wird. Im Folgenden daher eine kurze Einführung in Deep Learning-Modelle und deren strukturelle Realisierung.

3.2 Deep Learning und künstliche neuronale Netzwerke

Deep Learning (*DL*), ins Deutsche übersetzt „tiefes" bzw. „mehrschichtiges Lernen"[27], ist eine spezielle Form der in Abschnitt 2 angesprochenen Repräsentations-lernenden Methoden, die aufgebaut über mehrere Prozessierungsschichten die Repräsentation von Rohdaten in eine abstrahierte, aber für intelligente Systeme zur Entscheidungsfindung geeignete Repräsentationsform überführen.[28] Einzugliedern sind diese Methoden in den Bereich der Techniken des maschinellen Lernens.[29] Im Vergleich zu traditionellen *Machine Learning* (ML)-Methoden, erzielen Deep Learning-Methoden deutlich bessere Ergebnisse auf den Gebieten der Sprach- und (visuellen) Objekterkennung sowie der Sequenzerkennung.[30] Zurückzuführen ist das gesteigerte Leistungsvermögen auf die Fähigkeit aussagekräftige Muster in hoch dimensionalen

---

[25] Vgl. Russell/Norvig (2010), S. 4.
[26] Vgl. ebd.
[27] Vgl. Bruderer (2018), S. 408.
[28] Vgl. LeCun et al. (2015), S. 436.
[29] Vgl. Montavon et al. (2017), S. 1.
[30] Vgl. LeCun et al. (2015), S. 436.

Datensätzen zu erkennen.[31] Eine Charakteristik, die in ihrer Implementierung durch die Funktionsweise künstlicher neuronaler Netzwerke (engl. *Artificial Neural Network* / Abk. ANN) bewerkstelligt wird. Zur verbesserten Orientierung ist in Abbildung 1 eine solche Netzwerkarchitektur schematisch dargestellt.

In Anlehnung an das biologische Vorbild der Neuronen, d.h. der Hypothese, dass die natürliche, mentale Aktivität durch die elektrochemischen Impulse eines neuronalen Netzwerks konstruiert wird, nimmt die Realisierung von Deep Learning-Methoden die Struktur künstlicher neuronaler Netzwerke an.[32] Ein Artificial Neural Network ist definiert

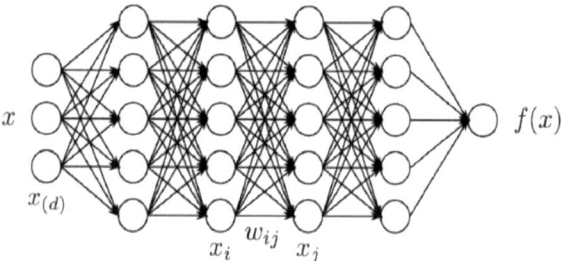

Abb. 1: Schematische Darstellung eines ANN, Bach et al. (2015), S. 20.

als eine vernetzte Ansammlung von Neuronen, die in einer Aufeinanderfolge mehrerer Schichten angeordnet sind, bei denen Neuronen einer jeweiligen Schicht (engl. *layer*) die neuronale Aktivität der vorherigen Schicht als *Input* empfangen, selbst eine simple Berechnung durchführen und wiederum ihre Aktivität als *Output*, respektive Input an die Neuronen der nachfolgenden Schicht weitergeben. Jedes Neuron für sich führt dabei eine einfache Berechnung durch, zusammen jedoch dient das Kollektiv der Neuronen der Implementierung einer komplexen, non-linearen Funktion zur Abbildung von Eingabe- auf Ausgabewerte.[33] In Anlehnung an Abbildung 1 wird so eine mathematische Funktion definiert, die die Neuronen der ersten Eingabeschicht (engl. *input layer*) über die Neuronen der verdeckten Schichten (engl. *hidden layer*) mit den Neuronen der letzten Ausgabeschicht (engl. *output layer*) verbinden.[34]

Bach et al. (2015) nutzen ein solches mehrschichtiges Netzwerk zur Dekomposition auf Pixelebene bei der Klassifikation von Bildern und argumentieren, dass eine Verknüpfung von einer zur nachfolgenden Schicht durch eine lineare Projektion gefolgt von einer non-linearen Funktion realisiert wird und wie folgt mathematisch definiert ist:

---

[31] Vgl. LeCun et al. (2015), S. 436.
[32] Vgl. Russell/Norvig (2009), S. 727.
[33] Vgl. Montavon et al. (2017), S. 2.
[34] Vgl. Bach et al. (2015), S. 19.

$$\text{Gl. 1:} \qquad z_{ij} = x_i w_{ij},$$

$$\text{Gl. 2:} \qquad z_j = \sum_i z_{ij} + b_j,$$

$$\text{Gl. 3:} \qquad x_j = g(z_j),$$

wobei w_{ij} das Gewicht bzw. Stärke der Verbindung von Neuron x_i zu Neuron x_j beschreibt, b_j den *Bias*-Term und g als nicht lineare Aktivierungsfunktion definiert ist.[35] Die Verbindung z_{ij} von Neuronen der Schicht i zu Neuronen der Schicht j wird dabei definiert als die Aktivierung des Neurons x_i multipliziert mit dem Gewicht der Verbindung w_{ij}. Das numerische Gewicht w_{ij} legt hierbei die Signalstärke und das Vorzeichen jener Verbindung fest. Der von Neuron x_j empfangene Inputwert z_j setzt sich zusammen aus der gewichteten Summe aller Inputverbindung z_{ij} addiert mit dem Bias-Term b_j. Schlussendlich wendet Neuron x_j auf den so empfangenen Inputwert z_j eine non-lineare Aktivierungsfunktion g an, wie z.B. die Sigmoid Aktivierungsfunktion (Sigmoid Perzeptron), um den eigenen Ausgabewert, respektive Inputwert für die mit ihm verknüpften Neuronen der nachfolgenden Schicht zu berechnen.[36] Das hier vorgestellte mathematische Modell ist generisch genug gehalten, um ein breites Spektrum an unterschiedlichen Ausprägungen solcher Netzwerkarchitekturen abzudecken.[37] Dennoch offen ist die Beantwortung der Frage, wie die Fähigkeit des Lernens realisiert wird.

Mehrschichtige neuronale Netzwerke oder auch *Deep Neural Networks* (DNN) etablieren ihre Lernfähigkeit durch die Anpassung des Gewichts der Verbindungen jedes einzelnen Neurons und erlernen die geeignete Repräsentationsform anhand gegebener Datensätze durch eine Technik namens *error backpropagation*.[38] Kernidee hierbei ist die rückwärtsgerichtete Propagierung einer Abweichung, d.h. einer fehlerhaften Ausgabe auf die dafür „verantwortlichen" Neuronen, um so durch Anpassung der gewichteten Verbindungen die Abweichung zu minimieren. Der Ansatz einer rückwärtsgerichteten Berechnung findet sich ebenfalls in Methoden der XAI, von denen zwei im Folgenden näher charakterisiert werden.

---

[35] Vgl. Bach et al. (2015), S. 19.
[36] Vgl. Russell/Norvig (2009), S. 728 f.
[37] Vgl. Bach et al. (2015), S. 19.
[38] Vgl. Montavon et al. (2017), S. 2.

4 Methoden von Explainable Artificial Intelligence

4.1 Sensitivity Analysis

Die Methode der Sensitivitäts-Analyse (engl. *Sensitivity Analysis*) erzeugt die Erklärung einer Prognose auf Basis des lokalen Gradienten, d.h. auf Basis der partiellen Ableitung einer Funktion $f(x)$. Hilfestellend beantwortet die Anwendung dieser Methode die Leitfrage: Wie stark beeinflussen Veränderungen bestimmter Eingabevariablen die Klassifikationsentscheidung respektive die Gesamtprognose?[39]

Während dies in der Bilderkennung die Frage beantwortet, wie stark sich die Veränderung einzelner Pixel auf das Ergebnis der Bildklassifikation auswirkt, wird in der Textklassifikation ein Richtwert gegeben, wie stark die Veränderung einzelner Wörter das Gesamtergebnis beeinflusst.[40] Auf Basis einer mathematischen Definition wird der Relevanzwert R_i (engl. *relevance score R_i*) einer bestimmten Inputvariable i, respektive der Neuronen des Netzwerks, berechnet – am Beispiel der Bild- und Textklassifikation der Relevance Score R_i eines jeden Bildpixels bzw. eines jeden Wortes. Der Relevance Score R_i wird bei Anwendung der Sensitivity Analysis wie folgt mathematisch definiert:

$$\text{Gl. 4:} \qquad R_i = \left\| \frac{\partial}{\partial x_i} f(x) \right\|,$$

d.h. die für eine Klassifikationsentscheidung relevantesten Inputvariablen, verarbeitet durch Neuronen, sind diejenigen, auf die eine Ausgabe am sensibelsten reagiert. Hierbei wird evident, dass die Sensitivitäts-Analyse keine Erklärung des Funktionswertes $f(x)$ selbst generiert, sondern lediglich die Erklärung einer lokalen Abweichung.[41] In anderen Worten: Die Methode misst die Sensitivität eines klassifizierenden ANNs relativ zur Veränderung bzw. Abweichung der Inputvariablen und nicht in welchem Ausmaß die einzelnen Pixel respektive Wörter, prozessiert durch Neuronen, zur Klassifikationsentscheidung beitragen.[42]

Es handelt sich hierbei um eine Gradienten-basierte Methode, die auf lokaler Ebene eine Entscheidung trifft, welche spezifischen Eigenschaften einer Eingabe mehr oder weniger, d.h. relativ betrachtet einer bestimmten Zielklasse zugeordnet werden können. Die bei der Bildklassifikation resultierende Erklärung in Form einer Heatmap beschreibt daher nicht welche Eigenschaften eines bestimmtes Bild auf globaler Ebene, d.h. ganzheitlich, repräsentativ für die Zuordnung zu einer Zielklasse sind.[43]

---

[39] Vgl. Samek et al. (2017), S. 3.
[40] Vgl. ebd., S. 4.
[41] Vgl. ebd., S. 3.
[42] Vgl. ebd., S. 5.
[43] Vgl. Montavon et al. (2017), S. 4.

Der zugrunde liegende Berechnungsansatz äußert sich in einer unruhigen Heatmap, bei der hohe Relevanzwerte denjenigen Bildregionen zugewiesen werden, die aus einem soliden Hintergrund bestehen.[44]

Abb. 2: Bildklassifikation: „Vulkan" und „Kaffeetasse", Samek et al. (2017), S. 6.

Dargestellt in Abbildung 2 ist das Ergebnis einer korrekten Bildklassifikation als Zielklasse „Vulkan" (oben) und „Kaffeetasse" (unten). Hierbei erkennbar ist, dass solide Flächen wie z.B. die Flanke des Vulkans oder der Inhalt der Kaffeetasse Grundlage einer Klassifikationsentscheidung sind. Obwohl korrekt klassifiziert, ist die durch die Sensitivitäts-Analyse gewonnene Erklärung in Form einer Heatmap für einen menschlichen Betrachter nur bedingt nachvollziehbar. Während im Beispiel der Kaffeetasse signifikante Umrisse der Tasse noch subtil als relevant eingestuft werden, d.h. durch eine dunkelrote Pixeldarstellung hervorgehoben werden, ist beim Beispiel des Vulkans für einen menschlichen Betrachter nicht ersichtlich, warum gerade diese Region repräsentativ für die Klassifikationsentscheidung „Vulkan" ist

Die Motivation von Methoden der Explainable Artificial Intelligence ist es jedoch, eine Klassifikationsentscheidung für den Menschen begreiflich und erklärbar zu machen. Auch im Hinblick auf die in Abschnitt 2 aufgestellte Definition des Begriffs „Interpretation", d.h. die Abbildung eines abstrakten Konzeptes in eine für den Menschen verständliche

---

[44] Vgl. Samek et al. (2017), S. 5.

Domäne, sind die hier aufgeführten Ergebnisse der Sensitivitäts-Analyse irreführend und zielverfehlend.

In der Textklassifikation zeichnet sich ein ähnliches Bild ab. So wird in unten aufgeführtem Beispiel (Abbildung 3) einer korrekten Textklassifikation als medizinisches Dokument zwar die relevanten Wörter stärker farblich betont, dieser

```
It is the body's reaction to a strange environment. It appears to be induced
partly to physical discomfort and part to mental distress. Some people are
more prone to it than others, like some people are more prone to get sick
on a roller coaster ride than others. The mental part is usually induced by
a lack of clear indication of which way is up or down, ie: the Shuttle is
normally oriented with its cargo bay pointed towards Earth, so the Earth
(or ground) is "above" the head of the astronauts. About 50% of the astronauts
experience some form of motion sickness, and NASA has done numerous tests in
space to try to see how to keep the number of occurances down.
```

Abb. 3: Textklassifikation: „sci.med", Sensitivity Analysis, Samek et al. (2017), S. 6.

Klassifikationsentscheidung widersprechende Wörter, wie z.B. „NASA" oder „roller coaster ride", jedoch ebenfalls, wenn auch schwächer, farblich akzentuiert.

Grund hierfür ist, dass die mathematische Grundlage zur Berechnung der Relevanzwerte lediglich eine Aussage trifft, in wie weit bestimmte Wörter relativ betrachtet mehr oder weniger einer Zielklasse zugeordnet werden können. Es handelt sich wie oben beschrieben also nicht um eine vollständige Abbildung des Ausgabe- bzw. Funktionswertes $f(x)$ auf die Inputeigenschaften, respektive Neuronen, sondern lediglich um eine relative, lokale Erklärung spezifischer Datenpunkte. Aufgrund dessen verfehlt die Sensitivitäts-Analyse in den hier aufgeführten Beispielen ihre Zielvorgabe, für den Menschen interpretierbare Erklärungen einer Klassifikationsentscheidung zu generieren.

Im Gegensatz zur Sensitivitäs-Analyse wird mit der Layerwise Relevance Propagation-Methode eine vollständige Zerlegung des Funktionswertes $f(x)$ und eine Verteilung der Relevanzwerte auf die zu einer Klassifikationsentscheidung beitragenden Neuronen erreicht. Ein Ansatz, der sich in einer für den menschlichen Betrachter besser interpretierbaren Erklärung in Form von Heatmaps niederschlägt und im Folgenden näher skizziert wird.

4.2 Layerwise Relevance Propagation

Die Layerwise Relevance Propagation-Methode liefert die Erklärung einer Prognose oder einer Klassifikationsentscheidung auf Basis einer vollständigen Dekomposition des Ausgabe- bzw. Funktionswertes $f(x)$ und damit eine tatsächliche Verteilung der Relevance Scores R_i auf die Eingabe, respektive die Neuronen x_i.[45] Hilfestellend

---

[45] Vgl. Samek et al. (2017), S. 3.

beantwortet diese Methode die Fragestellung: Wie viel trägt jede Eingabevariable bzw. jedes einzelne Neuron zu einer Prognose bzw. Klassifikationsentscheidung bei?[46]

Mathematisch wird der Funktionswert der Prognose $f(x)$ auf Basis lokaler Redistributionsregeln in einem Backpropagation-Prozess aufgeteilt, bis jedem Neuron x_i, die ultimativ die Eingabevariablen repräsentieren, ein eindeutiger Relevance Score R_i zugeteilt werden kann. Während in einer vorwärts gerichteten Berechnung durch das künstliche neuronale Netzwerk eine Klassifikationsentscheidung getroffen wird, geschieht die Dekomposition des Ausgabewertes und damit die Aufteilung der Relevanzwerte auf die einzelnen Neuronen in einem rückwärtsgerichtetem Durchlauf, der in einer Erklärung in Form einer Heatmap-Visualisierung mündet.[47]

Die rückwärtige Berechnung der Relevanzwerte unterliegt dabei einem Regelwerk. Die Bedingung der Relevanzkonservierung (engl. *relevance conservation*) wird wie folgt mathematisch definiert:

$$\text{Gl. 4:} \quad \sum_i R_i = \cdots = \sum_j R_j = \sum_k R_k = \cdots = f(x),$$

und besagt, dass zu jedem Schritt des Redistributionsprozesses, d.h. beispielsweise bei jeder Schicht eines künstlichen neuronalen Netzwerks der absolute Funktionswert der Prognose $f(x)$ erhalten bleibt. In anderen Wort: Kein Relevanzwert wird künstlich hinzugefügt respektive abgezogen.[48]

Sei nun x_j die neuronale Aktivierung der Schicht l, R_k der Relevanzwert der Neuronen k der Schicht $l+1$ und w_{jk} die gewichtete Verbindung zwischen Neuron j und Neuron k, so wird die einfach LRP-Regel (LRP-ϵ-Regel) zur Verteilung der Relevanzwert wie folgt mathematisch definiert:

$$\text{Gl. 5:} \quad R_j = \sum_k \frac{x_j w_{jk}}{\sum_j x_j w_{jk} + \epsilon} R_k,$$

wobei ϵ einen kleinen Stabilisierungsterm darstellt, um die Division durch Null zu verhindern.[49] Ausgehend von Neuron k der Schicht $l+1$ wird der Relevanzwert in einem rückwärtsgerichtetem Prozess proportional auf jedes einzelne Neuron j der Schicht l auf Basis folgender zweier Kriterien verteilt: Erstens auf Basis der neuronalen Aktivität x_j, d.h. denjenigen Neuronen j der Schicht l, die eine höhere Aktivität aufweisen, wird auch ein größerer Anteil des Relevanzwertes zugewiesen und zweitens auf Basis der Stärke

---

[46] Vgl. ebd., S. 5.
[47] Vgl. Montavon et al. (2017), S. 6.
[48] Vgl. Samek et al. (2017), S. 3.
[49] Vgl. Samek et al. (2017), S. 3.

der Verbindung w_{jk}, d.h. ein Großteil des Beitrags zu einem Prognoseergebnis $f(x)$ wird über prominente neuronale Verbindungen bewerkstelligt.[50]

Der Backpropagation-Prozess stellt somit eine tatsächliche Dekomposition des Funktions- bzw. Ausgabewertes der Prognose $f(x)$ dar und damit auch eine Abbildung des Ausgabewertes auf die für diesen Wert „verantwortlichen" Neuronen und ultimativ auf die Eingabevariablen.

Abb. 5: Bildklassifikation: „Vulkan" und „Kaffeetasse", links: Eingabebild, mitte: SA und rechts: LRP, Samek et al. (2017), S. 6.

In Bezug auf die Klassifikation von Bildern nimmt die durch die LRP-Methode gewonnene Erklärung analog zur Sensitivity Analysis die Form einer Heatmap-Visualisierung an. In Abbildung 5 ist das Ergebnis der Bildklassifikation mit den Zielklassen „Vulkan" und „Kaffeetasse" dargestellt, wobei links die Eingabebilder zu sehen sind, in der Mitte das Ergebnis der Sensitivity Analysis und rechts die Erklärung unter Anwendung der LRP-Methode. Evident wird hierbei, dass im Gegensatz zur Sensitivity Analysis die LRP-Methode signifikante Eigenschaften eines Bildes in Bezug auf eine Zielklasse erkennt und als Erklärung farblich hervorhebt.[51] So ist in Abbildung 5 erkennbar, dass die LRP-Heatmap den ellipsenförmigen Rand der Tasse als eine relevante Bildeigenschaft in Bezug auf die Zielklasse „Kaffeetasse" identifiziert.[52] Anhand des direkten Vergleichs und in Bezug auf die hier aufgeführten Beispiele ist die durch die LRP-Methode gewonnene Erklärung in Form einer Heatmap-Visualisierung für den menschlichen Betrachter subjektiv besser nachvollziehbar. Einleuchtend ist, dass die signifikanten Umrisse der Seitenflanken für die Klassifikationsentscheidung „Vulkan" sprechen und der ellipsenförmige Rand der Tasse für die Zielklasse „Kaffeetasse"

---

[50] Vgl. ebd.
[51] Vgl. Samek et al. (2017), S. 6.
[52] Vgl. ebd.

repräsentativ ist. Samek et al. (2017) argumentieren daher, dass die LRP-Methode, subjektiv betrachtet, bessere Erklärungen einer Prognoseentscheidung generiert als die Methode der Sensitivitäts-Analyse.[53]

Die Methode der Layerwise Relevance Propagation steht somit auch im Einklang mit den durch Montavon et al. (2017) festgelegten Begriffsdefinitionen von „Erklärung" und „Interpretation", da zum einen die zugeteilten Relevanzwerte der Neuronen, respektive Eingabevariablen, eindeutig festlegen, welche dieser zu einer Prognose beitragen und zum anderen die daraus resultierende Erklärung für den menschlichen Betrachter interpretierbar und besser nachvollziehbar ist.

Doch welches Ergebnis unter Anwendung der LRP-Methode wird bei der Textklassifikation erzielt und wäre es auch möglich Neuronen, respektive Eingabevariablen zu identifizieren, die einer Zielklassifizierung widersprechen?

It is the body's reaction to a strange environment. It appears to be induced partly to physical discomfort and part to mental distress. Some people are more prone to it than others, like some people are more prone to get sick on a roller coaster ride than others. The mental part is usually induced by a lack of clear indication of which way is up or down, ie: the Shuttle is normally oriented with its cargo bay pointed towards Earth, so the Earth (or ground) is "above" the head of the astronauts. About 50% of the astronauts experience some form of motion sickness, and NASA has done numerous tests in space to try to see how to keep the number of occurances down.

Abb. 6: Textklassifikation: „sci.med", LRP-Methode, Samek et al. (2017), S. 6.

Abbildung 6 zeigt die Erklärung einer Textklassifikation unter Anwendung der LRP-Methode. Analog zum Ergebnis unter Applikation der Sensitivity Analysis sind Wörter wie bspw. „discomfort" oder „sickness" als diejenigen identifiziert, die für die Klassifikation des Textes als medizinisches Dokument in der Zielklasse „sci.med" sprechen. Ebenfalls analog lässt die Farbintensität auf die Relevanz einzelner Wörter für die Zuordnung zu einer bestimmten Zielklasse schließen, d.h. eine höhere Farbintensität steht für eine stärkere Bedeutung dieses Wortes in Abhängigkeit zur prognostizierten Zielklasse.[54] Im Gegensatz zur Sensitivity Analysis ermöglicht die LRP-Methode jedoch auch die Identifikation von Wörter, die im Widerspruch zur festgelegten Zielklasse „sci.med" stehen. Deutlich zu erkennen ist der blaue Farbumschlag, der die im Widerspruch zur Zielklasse stehenden Wörter, wie bspw. „ride" oder „space", farblich hervorhebt. In Kontrast zur Sensitivitäts-Analyse unterscheidet die LRP-Methode also zwischen positiven Eingabevariablen, d.h. Pixel respektive Wörter, die für eine Klassifikationsentscheidung sprechen und negativen Eingabevariablen, d.h. Pixel respektive Wörter, die im Widerspruch zu dieser stehen.[55]

---

[53] Vgl. Samek et al. (2017), S. 5.
[54] Vgl. ebd.
[55] Vgl. Samek et al. (2017), S. 5.

Bewerkstelligt wird die Differenzierung von positiven und negativen Neuronen durch die Alpha-Beta-Regel, die wie folgt mathematisch definiert ist:

$$\text{Gl. 6:} \quad R_j = \left(\alpha \cdot \frac{(x_j w_{jk})^+}{\Sigma_j (x_j w_{jk})^+} - \beta \cdot \frac{(x_j w_{jk})^-}{\Sigma_j (x_j w_{jk})^-} \right) R_k,$$

wobei $()^+$ und $()^-$ die positiven und negativen Faktoren darstellen und die Relevanzkonservierung durch die Bedingung $\alpha - \beta = 1$ erfüllt wird.[56] Durch die Dekomposition und anschließende Verteilung von positiven und negativen Relevance Scores ist es nun möglich denjenigen Neuronen, die einen positiven Beitrag zur Prognose leisten einen positiven Relevanzwert zuzuordnen und umgekehrt, denjenigen Neuronen, die im Widerspruch zur Klassifikationsentscheidung stehen, einen negativen Relevanzwert zuzuweisen. Die Hyperparameter α und β dienen dabei der Kalibrierung der LRP-Methode, sodass je höher die Werte der einzelnen Hyperparameter festgelegt werden, desto stärker fallen entweder die positiven oder negativen Relevanzwerte ins Gewicht, proportional zum Verhältnis zwischen α und β. Dabei hat sich gezeigt, dass die Qualität der Erklärung abhängig vom verwendeten Verhältnis zwischen den Hyperparametern α und β und der zugrundeliegenden Architektur des künstlichen neuronalen Netzwerks ist.[57]

Die LRP-Methode ist damit in den hier beschriebenen Beispielen der Bild- und Textklassifikation subjektiv, d.h. aus der Perspektive eines menschlichen Betrachters, der Methode der Sensitivity Analysis überlegen. Dennoch sind die hier aufgeführten Ergebnisse auf einige ausgewählte Beispiele zurückzuführen und die Beurteilung der Heatmaps ist eine qualitative, also subjektive. Im Folgenden daher eine quantitative Evaluation der Güte beider Methoden, die in einem Vergleich mündet. Abschließend wird die LRP-Methode kritisch betrachtet.

4.3 Quantitative Evaluation und Vergleich beider Methoden

Samek et al. (2017) basieren die quantitative Evaluation beider Methoden auf einer Störungsanalyse (engl. *pertubation analysis*). Dabei wird als Hypothese vorausgesetzt, dass die Störung von Inputvariablen, die einen hohen Relevanzwert aufweisen und damit am wichtigsten für die Prognose sind, zu einem stärkeren Rückgang der Prognosegenauigkeit (engl. *prediction accuracy*) führen als die Veränderung weniger relevanter Eingabevariablen. Die Methoden SA und LRP haben als Zielvorgabe die für eine Prognose wichtigsten Neuronen eines Netzwerks mittels der Berechnung von Relevanzwerten zu identifizieren, sodass diese sich nachgelagert auch anhand diesen Wertes sortieren lassen. Auf diese Annahmen stützend, werden nun die

---

[56] Vgl. ebd.
[57] Vgl. Montavon et al. (2017), S. 7.

Eingabevariablen in einem iterativen Prozess verändert, beginnend mit den relevantesten, um die dadurch abfallende *prediction score* bei jedem Durchlauf messen zu können.[58] Die durchschnittliche Prognosegenauigkeit kann abschließend als objektiver Messwert für die Qualität der Erklärung betrachtet werden, da nach umgekehrter Logik die Methode bei starkem Rückgang erfolgreich in der Identifikation relevanter Inputvariablen gewesen sein muss.[59]

Ausgangssituation für den von Samek et al. (2017) durchgeführten quantitativen Vergleich beider Methoden in der Bildklassifikation ist die Nutzung des GoogleNet Modells als Deep Neural Network zur Klassifikation von Objekten des ILSVRC2012 Datensatzes. In der Textklassifikation wurde die Architektur eines gefalteten (engl. *convolutional*) neuronalen Netzwerks zur Klassifikation von Textdokumenten des 20Newsgroup Datensatzes verwendet. Während bei der Bildklassifikation die Störung der Eingabedaten durch das iterative Ersetzen von 9x9 *Patches* eines jeden Bildes mit zufälligen Pixelwerten bewerkstelligt wurde, wird bei der Textklassifikation eine Störung durch die iterative Löschung relevanter Wörter herbeigeführt. In beiden Klassifikationsbeispielen wurden die Relevanzwerte absteigend und ausgehend von denjenigen Eingabevariablen mit den höchsten Werten verändert respektive gelöscht.[60]

Die Ergebnisse des Vergleichs von Samek et al. (2017), graphisch im Anhang dieser Arbeit durch Abbildung 7 dargestellt, zeigen einen deutlich stärkeren Rückgang der Prognosegenauigkeit bei der LRP-Methode als bei der Sensitivity Analysis über den Verlauf des Iterationsprozesses. Sowohl in der Bild- als auch Textklassifikation ist dieses Muster erkennbar, wenn auch der Rückgang in der Textklassifikation deutlich stärker ausfällt. Summierend kann dadurch festgehalten werden, dass die LRP-Methoden in einem direkten, quantitativen Vergleich mit der Sensitivity Analysis in Bezug auf die Bild- und Textklassifikation bessere Erklärungen erzeugt.[61]

Obwohl die LRP-Methode objektiv betrachtet bessere Erklärungen hervorbringt, ist sie keineswegs als „Allzweckmittel" zu verstehen, sondern sollte kritisch hinterfragt werden. Im Folgenden daher eine kritische Betrachtung der LRP-Methode, die in Implikationen für zukünftige forschungstheoretische Beiträge mündet.

---

[58] Vgl. Samek et al. (2017), S. 5.
[59] Vgl. ebd., S. 4.
[60] Vgl. ebd.
[61] Vgl. ebd., S. 5.

5 Kritische Betrachtung und Fazit

Die Aussagekraft der Erklärung ist für den menschlichen Betrachter zum einen abhängig von der subjektiv wahrgenommenen Qualität der Heatmap selbst und zum anderen von dem Vorwissen des Betrachters.[62] So zeigt sich, dass die farbliche Hervorhebung von positiven und negativen Relevanzen in direkt benachbarten Regionen eines Bildes Verwirrung bei menschlichen Rezipienten stiftet. Für sie ist es unter Umständen nicht nachvollziehbar, aufgrund welcher Kriterien die LRP-Methode direkt angrenzende Bereiche eines Bildes unterschiedlich bewertet.[63] Eine gewisse Expertise und Vorwissen bezüglich der Funktionsweise der LRP-Methode, ist daher vorauszusetzen, um die Erklärungen korrekt interpretieren zu können.

Die visuelle Qualität der durch die LRP-Methode erzeugten Heatmaps ist zudem abhängig von der Diversität und Komplexität des zugrunde liegenden Datensatzes sowie der spezifischen Architektur des verwendeten neuronalen Netzwerks.[64] Die in der vorliegenden Arbeit verwendeten Beispiele „Vulkan" und „Kaffeetasse" unterscheiden sich deutlich voneinander, d.h. der verwendete Datensatz ist gekennzeichnet durch eine hohe Diversität. Weitere Untersuchungen haben jedoch gezeigt, dass die Qualität der Heatmaps unter der Verwendung eines homogenen Datensatzes leidet. Wenn nun z.B. ein Datensatz ausschließlich Bilder verschiedener Berge und Vulkane enthält, leidet darunter auch die Qualität der Erklärung.[65]

Durch die Abhängigkeit von Datensatz und Architektur ist eine erfolgreiche Anwendung der LRP-Methode lediglich repräsentativ für einen eng abgesteckten Versuchsrahmen, d.h. im Kontext einer zu bewältigenden Aufgabe, z.B. der Klassifikation von Bildern, unter Verwendung eines spezifischen Architekturmodells und unter Nutzung eines bestimmten Datensatzes.[66] Eine Etablierung der Generalisierbarkeit der LRP-Methode wäre eine Implikation für zukünftige forschungstheoretische Beiträge, denn positive Resultate können nicht barrierefrei auf jede Aufgabe, Architektur und jeden Datensatz übertragen werden.[67]

Hinsichtlich der spezifischen Architektur neuronaler Netzwerke findet sich in der Praxis zudem ein breites Spektrum unterschiedlicher Implementierungen. Parameter wie die Anzahl an verwendeten Schichten, also die Tiefe des Netzwerks, die genutzten

---

[62] Vgl. Lie (2019), S. 71 f.
[63] Vgl. ebd., S. 71.
[64] Vgl. ebd., S. 70 ff.
[65] Vgl. ebd.
[66] Vgl. ebd., S. 73.
[67] Vgl. ebd.

Aktivierungsfunktionen und die generelle Flussrichtung der Informationen, d.h. entweder gerichtet, azyklisch (engl. *feed-forward network*) oder zyklisch (engl. *recurrent network*)[68], bergen nicht nur Implikationen für die Prognosegenauigkeit[69], sondern wirken sich auch auf die erfolgreiche Realisierung der LRP-Methode aus.[70] Montavon et al. (2019) stellen zur korrekten Implementierung und hinsichtlich der verwendbaren Ausprägungen neuronaler Netzwerke zwar Handlungsempfehlungen auf, die korrekte Umsetzung setzt jedoch ein tiefes Expertenwissen voraus.[71] Auch die Fülle an alternativen Berechnungsgrundlagen der Relevanzwerte vergrößert den Raum an Kombinationsmöglichkeiten zwischen Architektur und LRP-Methode. So geben Montavon et al. (2019) eine Liste der am häufigsten verwendeten LRP-Regeln[72] an und spezifizieren zudem Weisungsempfehlungen, wie diese zu implementieren sind.[73]

Die Layerwise Relevance Propagation Methode liefert einen guten Ansatz, um künftig die Entscheidungsprozesse von AI-System erklärbar und dadurch für Menschen interpretier- und nachvollziehbar zu machen. Potenziale für zukünftige forschungstheoretische Beiträge birgt die Beantwortung der Frage, was wir Menschen eigentlich als intuitiv nachvollziehbar annehmen. Zudem ist die Schaffung eines generalisierten Rahmengerüsts in Bezug auf das breite Spektrum an LRP-Regeln, künstlicher neuronaler Netzwerke, derer Kombinationsmöglichkeiten und die daraus resultierende Erklärung unabdingbar für einen mehrwertbringenden und ethisch vertretbaren Einsatz von AI-Systemen in Industrie und Gesellschaft.

---

[68] Vgl. Russell/Norvig (2009), S. 729.
[69] Vgl. LeCun et al. (2015), S. 438.
[70] Vgl. Montavon et al. (2019), S. 199.
[71] Vgl. ebd., S. 202.
[72] Vgl. ebd., S. 207.
[73] Vgl. ebd., S. 202 ff.

Quellenangaben

Literaturverzeichnis

Bach, S./Binder, A./Montavon, G./Klauschen, F./Müller, K.R./Samek, W. (2015): *On Pixel-Wise Explanations for Non-Linear Classifier Decisions by Layer-Wise Relevance Propagation*, in: PLOS ONE 10 (7): e0130140, DOI: 10.1371/journal.pone.0130140 (offener Zugriff).

Bengio, Y./Courville, A./Vincent, P. (2014): *Representation Learning: A Review and New Perspectives*, Version 3, in: arXiv:1206.5538v3, S. 1-30 (offener Zugriff).

Bruderer, H. (2018): *Meilensteine der Rechentechnik*, 2. Aufl., Berlin.

Cleve, J./Lämmel, U. (2012): *Künstliche Intelligenz*, 4. Aufl., München.

Defense Advanced Research Projects Agency (DARPA) (2016): *Explainable Artificial Intelligence (XAI)*, in: *Broad Agency Announcement DARPA-BAA-16-53*, Arlington, VA, USA 2016 (offener Zugriff).

Goodman, B./Flaxman, S. (2017): *European Union regulations on algorithmic decision making and a "right to explanation"*, in: *AI Magazine*, Vol. 38, No 3, DOI: 10.1609/aimag.v38i3.2741 (offener Zugriff).

Holzinger, A. (2018): *Explainable AI (ex-AI)*, in: Informatik Spektrum, Vol. 41, Issue 2, S. 138-143, DOI: 10.1007/s00287-018-1102-5 (offener Zugriff).

LeCun, Y./Bengio, Y./Hinton, G. (2015): *Deep learning*, in: Nature, Vol. 521, S. 436-444, DOI: 10.1038/nature14539 (offener Zugriff).

Lie, C. (2019): *Relevance in the eye of the beholder*, in: Masterarbeit, Department of Design Sciences, Lund University, Lund, Schweden.

McCulloch, W.S./Pitts, W. (1943): *A logical calculus of the ideas immanent in nervous activity*, in: *Bulletin of Mathematical Biology*, Vol. 5, S. 115-133.

Montavon, G./Binder, A./Lapuschkin, S./Samek, W./Müller, KR. (2019): *Layer-Wise Relevance Propagation: An Overview*, in: Samek, W./Montavon, G./Vedaldi, A./Hansen, L./Müller, KR. (eds) (2019*): Explainable AI: Interpreting, Explaining and Visualizing Deep Learning*, Lecture Notes in Computer Science, Vol. 11700, S. 195-212, DOI: 10.1007/978-3-030-28954-6_10 (offener Zugriff).

Montavon, G./Samek, W./Müller, KR. (2017): *Methods for interpreting and understanding deep neural networks*, in: *Digital Signal Processing*, Vol. 73, S. 1-15, DOI: 10.1016/j.dsp.2017.10.011 (offener Zugriff).

Russell, S.J./Norvig, P. (2009): *Artificial Intelligence: A Modern Approach*, 3. Aufl., New Jersey, USA.

Samek, W./Wiegand, T./Müller, KR. (2017): *Explainable Artificial Intelligence: Understanding, Visualizing and Interpreting Deep Learning Models*, in: arXiv: 1708.08296 (offener Zugriff).

Abbildungsverzeichnis

Gleichungsverzeichnis

Gleichung 1: Bach, S./Binder, A./Montavon, G./Klauschen, F./Müller, K.R./Samek, W. (2015): *On Pixel-Wise Explanations for Non-Linear Classifier Decisions by Layer-Wise Relevance Propagation*, in: PLOS ONE 10 (7): e0130140, DOI: 10.1371/journal.pone.0130140 (offener Zugriff).

Gleichung 2: Samek, W./Wiegand, T./Müller, K.R. (2017): *Explainable Artificial Intelligence: Understanding, Visualizing and Interpreting Deep Learning Models*, in: arXiv: 1708.08296 (offener Zugriff).

Gleichung 3: Samek, W./Wiegand, T./Müller, K.R. (2017): *Explainable Artificial Intelligence: Understanding, Visualizing and Interpreting Deep Learning Models*, in: arXiv: 1708.08296 (offener Zugriff).

Gleichung 4: Samek, W./Wiegand, T./Müller, K.R. (2017): *Explainable Artificial Intelligence: Understanding, Visualizing and Interpreting Deep Learning Models*, in: arXiv: 1708.08296 (offener Zugriff).

Gleichung 5: Samek, W./Wiegand, T./Müller, K.R. (2017): *Explainable Artificial Intelligence: Understanding, Visualizing and Interpreting Deep Learning Models*, in: arXiv: 1708.08296 (offener Zugriff).

Gleichung 6: Samek, W./Wiegand, T./Müller, K.R. (2017): *Explainable Artificial Intelligence: Understanding, Visualizing and Interpreting Deep Learning Models*, in: arXiv: 1708.08296 (offener Zugriff).

Anhang

(A) Image classification

Explaining predictions: "Volcano", "Coffe Cup"

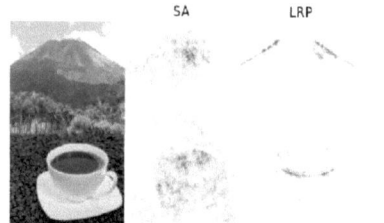

Quantitave comparison of SA and LRP

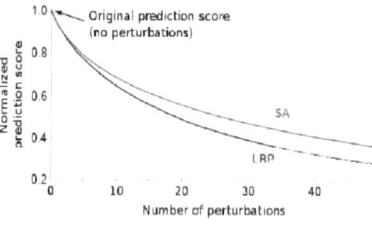

(B) Text document classification

Explaining prediction: "sci.med"

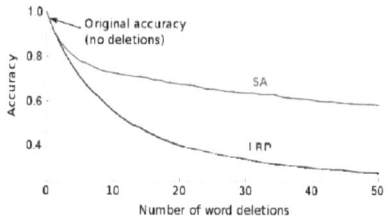

Quantitave comparison of SA and LRP

Abb. 7: Quantitativer Vergleich zwischen Sensitivity Analysis und Layerwise Relevance Propagation in Bild- und Textklassifikation, Samek et al. (2017), S. 6.